GUÍA DE LECTURA

Escrita por Natalia Torres Behar

Confesiones de una máscara

de Yukio Mishima

YUKIO MISHIMA

LA ESPADA Y LA PLUMA

- **Nacido en 1925 en Tokio (Japón)**
- **Fallecido en 1970 en Tokio (Japón)**
- **Premios literarios:**
  - Premio Sincho por *El rumor del oleaje* (1954)
  - Premio Yomiuri, en la categoría de novela, por *El pabellón de oro* (1956)
- **Algunas de sus obras:**
  - *El pabellón de oro* (1956), novela
  - *El marino que perdió la gracia del mar* (1963), novela
  - *Tetralogía del Mar de la fertilidad* (1964-1970), novela

Yukio Mishima es la figura central de la literatura japonesa del siglo XX. Escribió obras de teatro noh, obras ligeras románticas, novelas y guiones para películas en las que también actuó. Fue modelo de fotografías, karateca, esgrimidor, líder político, compositor, director de orquesta y general de su propio ejército.

Mishima nació con otro nombre: Kimitake Hiraoka. Como se ve en el libro *Confesiones de una máscara*, su niñez estuvo marcada por la presencia de su abuela Natsuko, quien lo tomó y lo crió en casi completo aislamiento, dejándolo jugar solo con muñecas. La mujer, obsesionada con la muerte, tenía pretensiones aristocráticas y fue una influencia clave en la vida de Mishima. A los 12 años Mishima volvió a vivir con sus padres. Su padre era un general del gobierno, obsesionado con la disciplina y el servicio a la patria, lo cual también se ve reflejado en el libro. Su escritura está influenciada, en especial, por la crisis de Japón tras la Segunda Guerra Mundial. El otro elemento fundamental de la literatura de Mishima es la relación estrecha entre vida y obra, cuerpo e intelecto.

Durante toda su vida, Mishima frecuentó bares gais y tuvo una vida secreta en el mundo homosexual, pero era incapaz de revelar esa información de manera pública. Por eso, se casó y tuvo dos hijos.

En 1967 formó el Tatenokai (Sociedad del Escudo), un pequeño ejército privado, entrenado por él, que tenía como función defender al emperador (o, más bien, a la figura del emperador). El 25 de noviembre de 1970, Mishima y cuatro integrantes más del Tatenokai ingresaron en las oficinas de un alto comandante del Ejército japonés. Mishima amarró al comandante a su silla y dio un discurso para la regeneración del Japón ante el regimiento, con el que intentaba volver a los soldados a su favor, pero solo recibió burlas. Por eso, entró en la oficina, asesinó al comandante y, con la ayuda de su ejército, cometió *seppuku* o lo que se conoce en español como harakiri.

CONFESIONES DE UNA MÁSCARA

ENEMIGOS ENFRENTADOS

- **Género:** novela/autobiografía
- **Edición de referencia:** Mishima, Yukio. 2002. *Confesiones de una máscara*. Bogotá: Planeta
- **Primera edición**: 1949
- **Temáticas:** imagen y belleza, niñez y memoria, muerte y sexualidad

Confesiones de una máscara se convirtió en el primer éxito editorial de Yukio Mishima. Es una novela oscura, escrita en clave biográfica (o quizás autobiográfica, como comentaremos más adelante) sobre un muchacho obsesionado con la muerte y el sexo.

En el transcurso de la novela, el joven descubre su homosexualidad en el marco de encuentros extremos y extraños con imágenes sádicas pero refinadas del arte clásico, el sueño y la ciudad a su alrededor. Sin embargo, tendrá que esconder esos impulsos bajo la máscara de la normalidad, del matrimonio y de lo socialmente aceptado.

RESUMEN

UNA NIÑEZ FEBRIL

Esta novela no da tregua. La primera frase deja al lector frío, consciente de la voz y la mente que se esconde tras el personaje de Kochan, un niño debilucho, pero con una mente adulta y oscura: «Durante muchos años afirmé que podía recordar cosas que había visto en el instante de mi nacimiento» (Mishima 2002, 13).

Tras su nacimiento, Kochan es separado de sus padres. Su abuela considera que debe estar con ella, y lo encierra en un cuartito a que juegue con muñecas y con sus primas. Kochan es enclenque y enfermizo, además de curioso. El niño, no habiendo más que hacer, lee y observa el mundo en que vive. Durante esta observación, aparece una imagen particularmente importante: un hombre joven y musculoso que camina por la calle con esfuerzo; lleva a cuestas una carreta llena de mierda. Aunque Kochan no sabe por qué, queda intrigado por el joven. En especial, le atrae la imagen de los pantalones azules y apretados del estercolero, y desea ocupar su lugar, llevar una carreta llena de mierda.

Otras percepciones se sumarán a la del estercolero: la visión en un libro de un caballero medieval, que resulta ser Juana de Arco; el olor del sudor de un destacamento militar; los deseos, alimentados por el sueño, de matar o ser asesinado. Como dice el mismo narrador bajo la voz de la máscara, este es el prólogo de esta vida.

LA FLECHA DE SAN SEBASTIÁN

Muerte, muerte y más muerte. Esta parece ser la obsesión de Kochan. Sin embargo, y como veremos más adelante en profundidad, para Kochan el decaimiento y la violencia no son suficientes. Las visiones de muerte siempre vienen acompañadas de erotismo y sexualidad. Es el caso de esta imagen, a la que le dedicamos todo un apartado por ser una de las escenas más impresionantes del libro. Kochan toma uno de los libros de su padre, una colección de fotografías de esculturas, y encuentra una que llama mucho su atención, *San Sebastián* de Guido Reni.

La imagen estremece a Kochan y es la primera vez que vemos su homosexualidad definida, y no en una forma de latencia infantil: «Aquel día, en el instante en que mi vista se posó en el cuadro, todo mi ser se estremeció de pagano goce. Se me levantó la sangre y se me hincharon las inglés [*sic*] como impulsadas por la ira» (Mishima 2002, 48). En las anteriores imágenes descritas, había un impulso sin nombre, un deseo irracional que el personaje experimentaba; la imagen de San Sebastián es la primera aproximación a un objeto del deseo que se puede identificar. Tanto es así, que la voz tras la máscara nos ofrece un poema en prosa, *San Sebastián*, en el que habla de la imagen y su deseo.

Cuando Kochan se obsesiona con la imagen, ya no está bajo la protección de su abuela: ya tiene 12 años y ha entrado al colegio. Se masturba y eyacula por primera vez con esa imagen.

ANEMIA Y ESPÍRITU

Ya en la adolescencia, Kochan se enamora de un chico de su escuela, Omi. No obstante, las pasiones, reflexiones y sentimientos de Kochan nunca son apacibles. Todo lo contrario, su mente es excesiva. Se obsesiona pronto con partes del cuerpo de Omi que no necesariamente son sexuales, como la axila.

Omi no es tan inteligente como Kochan, pero es vigoroso y masculino. Cualquier contacto es propicio para Kochan, no importa cuán superfluo sea. Por ejemplo, comienza a planear con recelo sus ataques en un juego llamado Sucio, en el que se ataca al contrincante al tocarle los genitales de improvisto. Luego, en una tarde de invierno, Omi le toca las mejillas a Kochan con las manos frías, después de haber tocado la nieve. Kochan está seguro de que está enamorado.

Kochan sufre de anemia y comienza a tener visiones febriles. En una de ellas, se imagina a sí mismo como regente de un campo de gladiadores. Los gladiadores matan para su diversión. Luego, disfruta de varias ceremonias en las que el cuerpo del asesinado es la parte central. El sueño degenera y se imagina un banquete elegante, en el que el cuerpo de uno de sus compañeros de colegio es ofrecido a los comensales. Kochan besa en la boca al cadáver y lo pone bocarriba para ver su pecho desnudo.

EN CONTRA DE LA SOCIEDAD

Kochan, ya en la universidad, todavía lucha por y contra su mente sádica, y por y contra su homosexualidad. Por eso, enamora a una mujer llamada Sokono e intenta enamorarse de ella. Al principio, logra esconder sus verdaderos sentimientos con naturalidad, e incluso piensa que se ha vuelto heterosexual. Sin embargo, el primer beso demuestra que sus obsesiones siguen tan fuertes como siempre. La relación termina tras la Segunda Guerra Mundial, cuando Kochan tiene que trabajar en un puesto burocrático en una fábrica de aviones y no puede escapar de sus extrañas ideas. Kochan va a un burdel para ver si puede aprender a sentir deseo por una mujer, pero es baladí. Años después se encuentra con Sonoko, quien se ha casado.

ESTUDIO DE LOS PERSONAJES

Para el análisis de personajes de *Confesiones de una máscara*, tenemos que tener en cuenta lo que ya se anuncia en el título de la obra: que hay una persona que funciona como un prisma biográfico, a partir del cual vemos a todo el resto de personajes, y que ese personaje es doble, no tiene una naturaleza definida.

KOCHAN

Hemos hablado de algunas características que Kochan y Mishima tienen en común. En efecto, es probable que Kochan sea un *alter ego* del mismo Mishima. Es, más que el personaje principal, el único personaje que importa en la narración, gracias a ese ego desmedido que analiza todo suceso para luego tamizarlo por el filtro de la perversión. A través de él, vemos el mundo y al resto de los personajes, que —siguiendo la metáfora del teatro— parecen más marionetas que otra cosa. Kochan los observa desde su mente obsesiva y sádica, siempre dándole al lector reflexiones vastas y bastas sobre lo que representan.

Kochan, además de ser el filtro a través del cual se ven el resto de los personajes, es máscara y enmascarado. Su obsesión con la belleza, el vigor y la muerte pronto va siendo definida por el lenguaje. Se van haciendo palabras a medida que crece y madura. Esa obsesión está en contraposición, eterna lucha y contradicción con el ánimo de ser aceptado por la sociedad. Si en su escritura y en su pensamiento Kochan es barroco, en el mundo social es tremendamente tímido, introspectivo. No habla con nadie e incluso su cuerpo es así, solo una máscara ajada, debilucha, para una voz potente pero oculta. Esta voz sirve constantemente para evaluar el mundo, descifrarlo y criticarlo. Precisamente, más que a un creador, un escritor ficcional, la figura de Kochan se podría asemejar a la de un crítico artístico o literario: el mundo de las imágenes y los personajes a su alrededor lo motivan a escribir, a pensar.

LA ABUELA

Es un personaje sin nombre y una extraña figura que aparece durante las primeras páginas del libro. La abuela es orgullosa, oscura. Forma parte, según el libro, de una estirpe antigua de servidores de samuráis, a diferencia del abuelo, que es más un nuevo rico, un comerciante aventurero. La abuela cría al pequeño Kochan encerrado, y lo tiene jugando con muñecas y disfraces afeminados. Es dura y extravagante, y es el espíritu autoritario y a la vez malcriador que le da forma a la personalidad sombría de Kochan.

OMI

¿Por qué parece que Omi es solo un cuerpo, sin personalidad? Si la personalidad de Kochan es doble, enmascarada, escindida, los espíritus del resto de los personajes parecen ser abandonados por la vida, son cuerpos, máscaras solamente, sin actor, que se mueven por el mundo, no a merced del titiritero Kochan, sino siendo evaluados constantemente por él. Omi no es inteligente, pero es masculino; su cuerpo, hermoso, es el mismo que el del estercolero que Kochan ve cuando es un niño. Pero, además, Omi está inmerso en una especie de inocencia masculina. Juega con sus compañeros a tocarse los testículos —es el mejor en ello—, y Kochan lo observa, lo analiza. Omi es el deseo, el objeto del deseo. No habla, no tiene pensamientos que queden plasmados en la novela. Es un conducto a través del cual Kochan puede convertir en palabras lo que ya ha visto en imágenes. Por eso parece que es solo un cuerpo, porque su función explícita en el libro es ser el objeto del deseo de Kochan, ser visto, ser olido: conducto de los sueños y anhelos.

SONOKO

A pesar de que Sonoko, finalmente, no despierta el deseo en Kochan, sí se trata de un personaje fundamental, que marca un punto de ruptura: hace que Kochan sepa de una vez por todas que no podrá alejarse de su personalidad y sus pensamientos. Y es que, en principio, Kochan trata de convencerse de que está enamorado de Sonoko, e incluso parece modificar por un momento su proceso de pensamiento:

> «Jamás en mi vida la belleza de una mujer había conmovido de tal modo mi corazón. El pecho me latía. Me sentía purificado. El lector que haya seguido el presente relato hasta este punto se negará a creer lo que digo. Pondrá en duda mis palabras porque no advertirá diferencia alguna entre mi artificial y gratuito amor por la hermana de Nukada [Sonoko] y ese latido del pecho a que me he referido, porque no verá razón alguna que explique por qué en esa ocasión, y sólo en esa ocasión, no sometí a implacable análisis mis emociones, tal como hice en otras» (Mishima 2002, 140).

Sonoko es una comprobación, un peaje, un punto de inflexión. Sin embargo, también representa otra cara de la belleza. Es también hermosa, como Omi o como la pintura de *San Sebastián*, pero no logra atraer a Kochan. Parece que, en esos otros casos, hay un impulso de muerte que guía la atracción y la posterior obsesión. En este caso, como no hay ese proceso de pensamiento, de racionalización, que tiene como punto final de destino la perversión, parece ser que la belleza es pura, en ella no hay mediación de lo sexual.

CONSIDERACIONES FORMALES

NOVELA O AUTOBIOGRAFÍA

En términos estructurales, la pregunta más importante para analizar la novela *Confesiones de una máscara* es si se trata de una novela ficcional o de una autobiografía como tal. Por supuesto, la novela tiene tintes autobiográficos, entrecruzamientos con la vida de Mishima, como la vida con su abuela o su homosexualidad escondida. Sin embargo, la pregunta puede llevarnos a un proceso inútil de comparar y contar cuántas coincidencias hay entre vida y obra. Más interesante aún es la pregunta acerca de cómo se construye este género.

Confesiones de una máscara está narrada en primera persona, lo cual ya nos dice mucho: nos acercamos, tal y como su nombre lo indica, a una apertura, una grieta en la personalidad: una voz nos va a hablar sobre su vida, nos va a contar qué lo hizo llegar hasta tal punto. Podemos rastrear la tradición de confesiones hasta san Agustín y sus *Confesiones*, una biografía espiritual, en la que el santo cuenta cómo era su vida en el pecado y cómo cambió, cómo entró en el seno de Dios.

¿Es eso mismo lo que trata de hacer Mishima? ¿Trata de contar una ruptura en su vida, cómo se transformó en otro? No precisamente; la estructura de *Confesiones de una máscara* sigue un camino similar al de las *Confesiones* de san Agustín, pero el proceso es inverso. En la obra de san Agustín hay tres momentos específicos: la vida en el pecado, la transformación y la vida religiosa. En cambio, en Mishima hay una acumulación de obsesiones. Algún lector podría creer que, como se trata de una confesión, la vida del personaje va a modificarse. Sin embargo, esta vida no cambia. Más bien se van sumando imágenes, reflexiones y manías, que van formando al personaje. Incluso cuando el lector puede creer que Kochan va a amar a una mujer, pues su proceso de racionamiento parece haberse modificado, el personaje vuelve a ser el mismo.

En otras palabras, y por extraño que parezca, en este texto el personaje cambia para volverse él mismo. En contraste con la línea del tiempo de san Agustín, en *Confesiones de una máscara* la cronología sería la siguiente: el personaje está obsesionado con la muerte, la belleza y el sexo; el transcurso normal de su vida es alterado por la llegada de una mujer; el personaje vuelve a estar obsesionado con la muerte, la belleza y el sexo.

Aunque no lo parezca, este texto de Mishima es vanguardista: no sigue un razonamiento lógico, pues forma parte ya de una época en la que la identidad está dislocada. No puede haber un relato razonado, pues la identidad de hombres y mujeres ya no es razonada, está dislocada por la guerra, el descubrimiento de la sexualidad, la apertura a otras formas de ver el mundo y el psicoanálisis.

Por supuesto, *Confesiones de una máscara* es una confesión, pero no como otras. En ella, no se cuenta un relato con la forma clásica que todos conocemos desde la escuela (principio, nudo y desenlace), sino que en el libro se van desarrollando hilos de pensamiento, reflexiones en torno a una mentalidad particular. No hay tanto un relato como una descripción de esa mentalidad, un flujo del lenguaje que va descubriendo la extrañeza de la naturaleza humana.

LA VOZ DE LA MÁSCARA

Como ya se dijo, en *Confesiones de una máscara* asistimos a la conformación de una voz particular, que observa y reflexiona sobre el mundo. Pero, ¿qué tipo de voz es esta? Hay tres elementos que analizaremos a fondo a continuación, y que generan una noción del lenguaje en la novela. Primero, el asunto de la memoria; segundo, el tema de la imagen y, por último, el uso de la escritura.

Empecemos por analizar cómo la memoria influye en el estilo del personaje. Pues bien, Kochan cuenta su vida, y lo hace desde un presente innombrable. Kochan nunca dice qué pasa en su vida en el momento de contar los sucesos de la novela. Es desde este presente que viene a la memoria el pasado, los sucesos de conformación del personaje. Ese es un primer nivel en el que podemos hablar de la memoria, un punto que se dirige al pasado y lo cuenta todo.

Un segundo nivel es el de la imagen. El recuerdo siempre viene conformado por imágenes, estímulos de la vida, de un libro o de una fotografía. Todos los recuerdos del pequeño Kochan hacen referencia a imágenes, copias, réplicas. No hay casi ninguno de ellos que sea puro, sino que todos tienen un vínculo especial con la reproducción de objetos artísticos. Así, podemos componer un primer eslabón de la cadena que conforma el estilo de la voz narradora de *Confesiones de una máscara:* un objeto replicado en una imagen, que es recordado por el narrador.

Sin embargo, la cadena continúa. No solamente el recuerdo es desencadenado por una imagen particular o tiene siempre su forma, sino que esa misma imagen es también el gatillo, la forma de la escritura. Cuando Kochan ve la reproducción de la imagen de *San Sebastián*, lo primero que hace es ofrecernos un poema en prosa de varias páginas, en el que investiga sobre su obsesión y reflexiona en torno a la imagen. Así, podemos componer el siguiente eslabón, el triángulo completo del estilo de la voz de la máscara: un objeto replicado en una imagen, que es recordado por el narrador, es el motor del pensamiento, acciona la escritura. Toda la obsesión de Kochan con la belleza es transmitida al lector como lo hace un crítico literario, a partir de una reflexión escrita sobre la belleza, la muerte y el erotismo.

TEMÁTICAS Y CLAVES DE LECTURA

IMAGEN Y BELLEZA

Como ya se ha mencionado, las imágenes funcionan como fuente primaria de las reflexiones de la voz tras la máscara. En general, Mishima es un escritor bastante visual. En el libro *La corrupción de un ángel*, por ejemplo, se narra todo el amanecer en un puerto, de manera hermosa. Hora tras hora, las imágenes del agua y del sol van tocando al lector hasta convertirlo en partícipe de la escena: un reflejo, una luz, una gota de agua salada.

En *Confesiones de una máscara*, las imágenes son fuente absoluta de belleza. Sin embargo, como está claro desde el epígrafe de Dostoyevski al principio del texto, esta belleza no es ética, no podemos saber si la belleza es buena o mala, perversa o benevolente. Nos es dada a los seres humanos como una cuestión a la vez benévola y maligna. Es decir, la belleza puede provenir tanto de la sonrisa de un recién nacido como de los destellos de una bomba. Así, para el personaje, la muerte de uno de sus compañeros de curso es bella, y son bellos también el estiércol y la muerte.

La belleza, entonces, está relacionada con los fenómenos, los objetos y los seres que decaen. Esta es una idea desarrollada en el libro *El pabellón de oro*, en el que un monje, obsesionado con un hermoso edificio religioso, decide quemarlo para liberarse de la visión. Lo que es bello obsesiona y por eso hay que destruirlo.

Las imágenes bellas en *Confesiones de una máscara* se van acumulando. No obstante, y como se ha dicho más arriba, estas imágenes son producto de la reproducción: un libro, por ejemplo, contiene fotografías de una escultura, o una imagen de un caballero. Para Kochan, sin embargo, no hay imágenes naturales, directas. Él no puede tener contacto con la belleza de primera mano, sino que se contenta con imágenes diferidas.

NIÑEZ Y MEMORIA

La niñez y la memoria son uno de los centros visibles de este texto de Mishima. Es desde la memoria que se puede hablar, y es desde la niñez que se forma el núcleo central de la personalidad de Kochan.

Podemos establecer relaciones entre esos dos elementos, niñez y memoria. La niñez es el río turbulento del cual se obtienen los recuerdos más preciados. Y es que, aunque estamos ante una novela de factura sólida, cuyos elementos no fallan en ningún momento —en términos de formación del pensamiento y del sujeto—, los episodios de la niñez son los más poderosos. Es en ellos que podemos identificar la fuente de agua primordial, caldo de cultivo de la vida, las obsesiones de la voz presente, el origen de las manías, los pensamientos oscuros, la vitalidad y la pulsión sexual.

Y los vemos así, como una mezcla de vivencias sin orden y sin lógica. Esta forma caótica de los recuerdos de la niñez es anunciada por el mismo personaje, quien entiende que en la niñez hay un impulso, un deseo, pero no lo puede ordenar en el lenguaje y ni siquiera en la lógica del sexo.

«El examen a que sometí a aquel joven fue insólitamente minucioso para un niño de cuatro años. A pesar de que entonces no me di clara cuenta de ello, aquel muchacho representó para mí la primera revelación de cierto poder, la primera llamada, a mí dirigida, por una voz extraña y secreta. Es revelador que esta llamada se expresara, por vez primera, con la forma de un porteador de inmundicias nocturnas. El excremento simboliza la tierra, y no cabe duda de que fue el malévolo amor de la madre tierra lo que me tentó» (Mishima 2002, 19).

Incluso, en vez de pensar en el pene del muchacho estercolero, Kochan se fija en el pantalón. No puede todavía pensar exactamente en el sexo, sino en una serie de objetos que difieren, que reemplazan al pene:

«Recuerdo claramente que mi deseo se centraba en dos puntos principales. El primero de ellos eran los ceñidos pantalones azules [...]. Los ceñidos pantalones destacaban claramente las líneas de la parte inferior de su cuerpo, que avanzaba con suave agilidad y parecía dirigirse directamente hacia mí. En mi interior nació una inexplicable adoración hacia aquellos pantalones. No comprendía por qué» (Mishima 2002, 20).

Autores como Lacan han propuesto que el cuerpo del niño es una masa informe (que incluso se confunde con el cuerpo de la madre) y que su deseo es equivalente: una acumulación de impulsos sin propósito, que no se pueden expresar a partir del lenguaje articulado, de palabras plenamente diferenciadas de otras. Es precisamente esto lo que pasa con el deseo de Kochan. Cuando se expresa sobre su niñez, lo hace a partir de expresiones erráticas, recuerdos extraños en los que nada es lo que parece. De ahí que este sea un libro barroco. Todo en él es un impulso de la memoria, un deseo sin forma que va tomando a la vez una manera particular de ser hablado y escrito: el de la no pertenencia a lo común de la sociedad.

MUERTE Y SEXUALIDAD

Para Kochan la sexualidad no es un asunto llano. Es decir, no se trata solo de reproducirse, o de sentir placer sin ninguna otra connotación. En el libro hay una sexualidad más bien compleja. El sexo es pariente de la muerte, y sobre todo en esta pasividad irredimible de Kochan. En el libro no hay sexo como tal, no vemos a Kochan penetrando a nadie ni siendo penetrado por nadie. Todo lo contrario, este es un sexo solo presente en las imágenes y en la imaginación de nuestro personaje. Es un sexo que no tiene como finalidad dar vida a nadie (en este sexo de las imágenes, basado puramente en la masturbación, no hay posibilidad de embarazo).

Es así que Kochan, al contrario, piensa en la muerte cuando piensa en sexo:

> «Allí, en mi teatro de asesinatos, jóvenes gladiadores romanos daban la vida para que yo me divirtiera. Y todas las muertes que en ese teatro concurrían no sólo debían ir acompañadas de derramamiento de sangre en abundancia, sino que tenían que ocurrir rodeadas de las pertinentes ceremonias. Gran deleite me producían todas las formas de la pena de muerte, así como todas las herramientas de la ejecución» (Mishima 2002, 94).

En esta cita queda claro que el tema del teatro, de la escenificación, también está presente en esta sexualidad mortuoria, o en esta muerte sexualizada. Las imágenes que usa Kochan para la masturbación no son simples: en ella se dan cita referentes clásicos y, además, son enormes y barrocas secuencias en las que lo que menos importa es el placer gratuito o inmediato, y lo que más la construcción de paraísos artificiales, la meditación profunda y pensada sobre lo que el placer otorga al cuerpo.

Esta relación estrecha entre vida y decaimiento, sexualidad y muerte, no es nueva. Freud habla de ella en términos de pulsiones: pulsión de vida y pulsión de muerte. Para Freud, hay una serie de motivaciones inconscientes que hacen que queramos vivir por encima de todo; reproducirnos, comer, crear. Sin embargo, también existen las pulsiones de muerte, el deseo por retornar a lo inorgánico, como es definido por ese autor austriaco. Es interesante destacar que para Mishima, al igual que para Freud, estas dos pulsiones están vinculadas, son inseparables la una de la otra.

¿Qué imagen más poderosa para ejemplificar esta relación entre sexo y muerte que la de *San Sebastián?* Mishima describe con lujo de detalles cierta estética pagana en la obra, aunque se trata de un santo católico: está tranquilo, y se le nota casi placentero mientras unas flechas le laceran el cuerpo (la flecha, por supuesto, tiene un sentido oculto más o menos obvio: es un pene que penetra al santo). ¿Podemos describir en la imagen si el santo está gimiendo de dolor o de placer? Es imposible decirlo. La imagen es demasiado ambigua, y es este el dualismo que explota Mishima. Su narrador,

Kochan, está siempre en ese límite entre el placer y el dolor.

- 22 -

PISTAS PARA LA REFLEXIÓN

ALGUNAS PREGUNTAS PARA PROFUNDIZAR EN SU REFLEXIÓN...

- ¿Qué nivel de empatía siente por Kochan? Describa su personalidad.
- ¿Qué aspectos de la sociedad contemporánea (el alcohol, el cigarrillo, internet, la televisión) cree que están en consonancia con la relación entre sexo y muerte, tan palpable en *Confesiones de una máscara*?
- Haga un dibujo del cuarto de Kochan en la casa de su abuela.
- ¿Qué enfermedades tiene Kochan y cómo influyen en su visión particular del mundo?
- ¿Qué papel cumple el teatro en *Confesiones de una máscara*?
- ¿Qué papel cumple la guerra en *Confesiones de una máscara*?
- ¿Qué cree que pasa en la vida de Kochan en el momento de narrar los acontecimientos de la novela?

¡Su opinión nos interesa!
¡Deje un comentario en la página web de su librería en línea,
y comparta sus favoritos en las redes sociales!

PARA IR MÁS ALLÁ

EDICIÓN DE REFERENCIA

- Mishima, Yukio. 2002. *Confesiones de una máscara.* Bogotá: Planeta.

ESTUDIOS DE REFERENCIA

- Nathan, John. 2006. *Mishima.* Barcelona: Editorial Seix Barral.
- Lacan, Jacques. 2009. "El estadio del espejo como formador de la función del yo [je] tal como se nos revela en la experiencia psicoanalítica". *Escritos 1*, 99-105. México: Siglo XXI.
- Yourcenar, Marguerite. 2003. *Mishima o la visión del vacío.* Barcelona: Seix Barral.
- Freud, Sigmund. "Más allá del principio del placer". Consultado el 2 de enero de 2017. http://redaprenderycambiar.com.ar/derrida/restos/freud_mas_alla.pdf

FUENTE ICONOGRÁFICA

- *San Sebastián* de Guido Reni. © Marie-Lan Nguyen.

LECTURA RECOMENDADA

- Furubayashi, Takashi y Hideo Koyabashi. 2015. *Últimas palabras de Yukio Mishima.* Madrid: Alianza Editorial, colección *Alianza Literaria.*

Es un compendio de dos entrevistas a Mishima, una, por Takashi Furubayashi, días antes del *seppuku*. En ella se exploran temas políticos como el comunismo, el imperialismo y el panorama literario japonés. La segunda entrevista, a cargo de Hideo Koyabashi, fue realizada al comienzo de la carrera de Mishima, y se centra más en temas de la estética y de las revistas literarias del Japón de ese momento.

ResumenExpress.com